화엄경 제66권(입법계품 39-7) 해설

제66권은 법보계장자의 이치란행이다.

선제동자가 명지거사에게 복덕광해탈문을 듣고 복덕의 바다와 산을 지나 사자궁성 시장 가운데 있는 10층 8문의 법보계장자 집을 구경하고 청정대중을 만났다.

1층에는 음식	2층에는 옷
3층에는 보배장엄	4층에는 채녀와 보물
5층에는 지혜광명 법문	6층에는 다라니 삼매
7층에는 여향인	8층에는 법사 보살
9층에는 일생보처	10층에는 가득찬 여래

이 같은 공덕은 법보계장자가 옛날 옛적 무변광명법계 보장엄왕부처님께 온갖 공덕을 쌓고 그것을 보리와 중생 실제에 원만히 회향한 공덕이다 말하며 등근국 보은성 보안장자를 찾아가 보라 안내해 주었다.

入法界品 第三十九之七
(입법계품 제삼십구지칠)

爾時善財童子於明智居
(이시선재동자어명지거)

士所聞此解脫已遊彼福德
(사소문차해탈이유피복덕)

海治福德田仰彼福德山趣
(해치복덕전앙피복덕산취)

彼福德津開彼福德藏觀彼
(피복덕진개피복덕장관피)

福德法淨彼福德輪味彼福
(복덕법정피복덕륜미피복)

德聚生彼福德力增彼福德
(덕취생피복덕력증피복덕)

學 학	三 삼	子 저	遶 요	於 어	推 추	勢 세
菩 보	菩 보	我 아	無 무	市 시	求 구	漸 점
薩 살	提 리	已 이	數 수	中 중	寶 보	次 차
行 행	心 심	先 선	匝 잡	遽 거	髻 계	而 이
云 운	而 이	發 발	合 합	卽 즉	長 장	行 행
何 하	未 미	阿 아	掌 장	往 왕	者 자	向 향
修 수	知 지	耨 녹	而 이	詣 예	見 견	師 사
菩 보	菩 보	多 다	立 립	頂 정	此 차	子 자
薩 살	薩 살	羅 라	白 백	禮 례	長 장	城 성
道 도	云 운	三 삼	言 언	其 기	者 자	周 주
善 선	何 하	藐 먁	聖 성	足 족	在 재	徧 변

哉(재) 聖(성) 者(자) 願(원) 爲(위) 我(아) 說(설) 諸(제) 菩(보) 薩(살) 道(도)

我(아) 乘(승) 此(차) 道(도) 趣(취) 一(일) 切(체) 智(지)

爾(이) 時(시) 長(장) 者(자) 執(집) 善(선) 財(재) 手(수) 將(장) 詣(예)

所(소) 居(거) 示(시) 其(기) 舍(사) 宅(택) 作(작) 如(여) 是(시) 言(언) 善(선)

男(남) 子(자) 且(차) 觀(관) 我(아) 家(가) 爾(이) 時(시) 善(선) 財(재) 見(견)

其(기) 舍(사) 宅(택) 淸(청) 淨(정) 光(광) 明(명) 眞(진) 金(금) 所(소) 成(성)

白(백) 銀(은) 爲(위) 牆(장) 玻(파) 瓈(려) 爲(위) 殿(전) 紺(감) 瑠(류) 璃(리)

財 재	行 항	池 지	眞 진	珠 주	其 기	寶 보
入 입	列 렬	香 향	珠 주	摩 마	柱 주	以 이
已 이	其 기	水 수	爲 위	尼 니	百 백	爲 위
次 차	宅 택	盈 영	網 망	爲 위	千 천	樓 누
第 제	廣 광	滿 만	彌 미	師 사	種 종	閣 각
觀 관	博 박	無 무	覆 부	子 자	寶 보	硨 자
察 찰	十 십	量 량	其 기	座 좌	周 주	磲 거
見 견	層 층	寶 보	上 상	摩 마	徧 변	妙 묘
最 최	八 팔	樹 수	瑪 마	尼 니	莊 장	寶 보
下 하	門 문	周 주	瑙 노	爲 위	嚴 엄	而 이
層 층	善 선	徧 변	寶 보	帳 장	赤 적	作 작

尼 니	法 법	乃 내	及 급	嚴 엄	衣 의	施 시
門 문	利 이	至 지	一 일	具 구	見 견	諸 제
諸 제	益 익	五 오	切 체	見 견	第 제	飮 음
三 삼	世 세	地 지	上 상	第 제	三 삼	食 식
昧 매	間 간	菩 보	妙 묘	四 사	層 층	見 견
印 인	成 성	薩 살	珍 진	層 층	布 포	第 제
諸 제	就 취	雲 운	寶 보	施 시	施 시	二 이
三 삼	一 일	集 집	見 견	諸 제	一 일	層 층
昧 매	切 체	演 연	第 제	婇 채	切 체	施 시
行 행	陀 다	說 설	五 오	女 녀	寶 보	諸 제
智 지	羅 라	諸 제	層 층	幷 병	莊 장	寶 보

慧光明見第六層有諸菩薩
혜광명견제육층유제보살

皆已成就甚深智慧於諸法
개이성취심심지혜어제법

性明了通達成就廣大總持
성명료통달성취광대총지

三昧無障礙門所行無礙不
삼매무장애문소행무애부

住二法在不可說妙莊嚴道
주이법재불가설묘장엄도

場中而共集會分別顯示般
량중이공집회분별현시반

若波羅蜜門所謂寂靜藏般
야바라밀문소위적정장반

若(야)波(바)羅(라)蜜(밀)門(문)善(선)分(분)別(별)諸(제)衆(중)生(생)
智(지)般(반)若(야)波(바)羅(라)蜜(밀)門(문)不(불)可(가)動(동)轉(전)
般(반)若(야)波(바)羅(라)蜜(밀)門(문)離(이)欲(욕)光(광)明(명)般(반)
若(야)波(바)羅(라)蜜(밀)門(문)不(불)可(가)降(항)伏(복)藏(장)般(반)
若(야)波(바)羅(라)蜜(밀)門(문)照(조)衆(중)生(생)輪(륜)般(반)若(야)
波(바)羅(라)蜜(밀)門(문)海(해)藏(장)般(반)若(야)波(바)羅(라)蜜(밀)
門(문)普(보)眼(안)捨(사)得(득)般(반)若(야)波(바)羅(라)蜜(밀)門(문)

緣 연	光 광	順 순	無 무	一 일	切 체	入 입
而 이	明 명	衆 중	礙 애	切 체	方 방	無 무
布 포	般 반	生 생	辯 광	世 세	便 편	盡 진
法 법	若 야	般 반	才 명	間 간	海 해	藏 장
雲 운	波 바	若 야	般 반	海 해	般 반	般 반
般 반	羅 라	波 바	若 야	般 반	若 야	若 야
若 야	蜜 밀	羅 라	婆 바	若 야	波 바	波 바
波 바	門 문	蜜 밀	羅 라	波 바	羅 라	羅 라
羅 라	常 상	門 문	蜜 밀	羅 라	蜜 밀	蜜 밀
蜜 밀	觀 관	無 무	門 문	蜜 밀	門 문	門 문
門 문	宿 숙	礙 애	隨 수	門 문	入 입	一 일

說如是等百萬阿僧祇般若
波羅蜜門見第七層有諸菩
薩得如響忍以方便智分別
觀察而得出離悉能聞持諸
佛正法見第八層無量菩薩
共集其中皆得神通無有退
墮能以一音徧十方剎其身

사경의 공덕은 십만억 부처님께 공양한 것과 같은 공덕이 있습니다.

普現一切道場盡於法界靡
보현일체도장진어법계미

不周徧普入佛境普見佛身
불주변보입불경보견불신

普於一切佛衆會中而爲上
보어일체불중회중이위상

首演說於法見第九層一生
수연설어법견제구층일생

所繫諸菩薩衆於中集會見
소계제보살중어중집회견

第十層一切如來充滿其中
제십층일체여래충만기중

從初發心修菩薩行超出生
종초발심수보살행초출생

死成滿大願及神通力淨佛
사성만대원급신통력정불

國土道場衆會轉正法輪調
국토도량중회전정법륜조

伏衆生如是一切悉使明見
복중생여시일체실사명견

爾時善財見是事已白言
이시선재견시사이백언

聖者何緣致此淸淨衆會種
성자하연치차청정중회종

何善根獲如是報長者告言
하선근획여시보장자고언

善男子我念過去過佛刹微
선남자아념과거과불찰미

塵數劫有世界名圓滿莊嚴
佛號無邊光明法界普莊嚴
王如來應正等覺十號圓滿
彼佛入城我奏樂音幷燒一
丸香而以供養以此功德迴
向三處謂永離一切貧窮困
苦常見諸佛及善知識恒聞

사경의 공덕은 십만억 부처님께 공양한 것과 같은 공덕이 있습니다.

別 별	修 수	來 래	思 사	脫 탈	知 지	正 정
普 보	無 무	身 신	議 의	門 문	此 차	法 법
賢 현	分 분	海 해	功 공	如 여	菩 보	故 고
行 행	別 별	受 수	德 덕	諸 제	薩 살	獲 획
網 망	功 공	無 무	寶 보	菩 보	無 무	斯 사
入 입	德 덕	分 분	藏 장	薩 살	量 량	報 보
無 무	道 도	別 별	入 입	摩 마	福 복	善 선
分 분	具 구	無 무	無 무	訶 하	德 덕	男 남
別 별	起 기	上 상	分 분	薩 살	寶 보	子 자
三 삼	無 무	法 법	別 별	得 득	藏 장	我 아
昧 매	分 분	雲 운	如 여	不 부	解 해	唯 유

사경의 공덕은 십만억 부처님께 공양한 것과 같은 공덕이 있습니다.

境界等無分別菩薩善根住
無分別如來所住證無分別
三世平等住無分別普眼境
界住一切劫無有疲厭而我
云何能知能說彼功德行善
男子於此南方有一國土名
曰藤根其土有城名曰普門

中중有유長장者자名명爲위普보眼안汝여詣예彼피
問문菩보薩살云운何하學학菩보薩살行행修수菩보
薩살道도時시善선財재童동子자頂정禮례其기足족
遶요無무數수匝잡殷은勤근瞻첨仰앙辭사退퇴而이
去거

爾이時시善선財재童동子자於어寶보髻계長장
者자所소聞문此차解해脫탈已이深심入입諸제佛불

無量知見安住菩薩無量勝
무량지견안주보살무량승

行了達菩薩無量方便希求
행요달보살무량방편희구

菩薩無量法門淸淨菩薩無
보살무량법문청정보살무

量信解明利菩薩無量諸根
량신해명리보살무량제근

成就菩薩無量欲樂通達菩
성취보살무량욕락통달보

薩無量行門增長菩薩無量
살무량행문증장보살무량

願力建立菩薩無能勝幢起
원력건립보살무능승당기

사경의 공덕은 십만억 부처님께 공양한 것과 같은 공덕이 있습니다.

落 락	然 연	事 사	正 정	在 재	至 지	菩 보
周 주	後 후	供 공	念 념	雖 수	藤 등	薩 살
匝 잡	乃 내	養 양	善 선	力 력	根 근	智 지
圍 위	得 득	徧 변	知 지	艱 간	國 국	照 조
遶 요	見 견	策 책	識 식	難 난	推 추	菩 보
雉 치	普 보	諸 제	敎 교	不 불	問 문	薩 살
堞 첩	門 문	根 근	願 원	憚 탄	求 구	法 법
崇 숭	城 성	離 이	常 상	勞 노	覓 멱	漸 점
崚 릉	百 백	衆 중	親 친	苦 고	彼 피	次 차
衢 구	千 천	放 방	近 근	但 단	城 성	而 이
路 로	聚 취	逸 일	承 승	唯 유	所 소	行 행

能 능	告 고	菩 보	菩 보	我 아	前 전	寬 관
發 발	言 언	薩 살	提 리	已 이	頂 정	平 평
阿 아	善 선	行 행	心 심	先 선	禮 례	見 견
耨 녹	哉 재	云 운	而 이	發 발	合 합	彼 피
多 다	善 선	何 하	未 미	阿 아	掌 장	長 장
羅 라	哉 재	修 수	知 지	耨 녹	而 이	者 자
三 삼	善 선	菩 보	菩 보	多 다	立 립	往 왕
藐 약	男 남	薩 살	薩 살	羅 라	白 백	詣 예
三 삼	子 자	道 도	云 운	三 삼	言 언	其 기
菩 보	汝 여	長 장	何 하	藐 약	聖 성	所 소
提 리	已 이	者 자	學 학	三 삼	者 자	於 어

心(심) 善(선) 男(남) 子(자) 我(아) 知(지) 一(일) 切(체) 衆(중) 生(생) 諸(제)

病(병) 風(풍) 黃(황) 痰(담) 熱(열) 鬼(귀) 魅(매) 蠱(고) 毒(독) 乃(내) 至(지)

水(수) 火(화) 之(지) 所(소) 傷(상) 害(해) 如(여) 是(시) 一(일) 切(체) 所(소)

生(생) 諸(제) 疾(질) 我(아) 悉(실) 能(능) 以(이) 方(방) 便(편) 救(구) 療(료)

善(선) 男(남) 子(자) 十(시) 方(방) 衆(중) 生(생) 諸(제) 有(유) 病(병) 者(자)

咸(함) 來(래) 我(아) 所(소) 我(아) 皆(개) 療(료) 治(치) 令(령) 其(기) 得(득)

差(차) 復(부) 以(이) 香(향) 湯(탕) 沐(목) 浴(욕) 其(기) 身(신) 香(향) 華(화)

瓔珞名衣上服種種莊嚴施
영락명의상복종종장엄시

諸飮食及以財寶悉令充足
제음식급이재보실령충족

無所乏短然後各爲如應說
무소핍단연후각위여응설

法爲貪欲多者敎不淨觀瞋
법위탐욕다자교부정관진

恚多者敎慈悲觀愚癡多者
에다자교자비관우치다자

敎其分別種種法相等分行
교기분별종종법상등분행

者爲其顯示殊勝法門爲欲
자위기현시수승법문위욕

사경의 공덕은 십만억 부처님께 공양한 것과 같은 공덕이 있습니다.

令其發菩提心稱揚一切諸
령기발보리심칭양일체제

佛功德爲欲令其起大悲意
불공덕위욕령기기대비의

顯示生死無量苦惱爲欲令
현시생사무량고뇌위욕령

其增長功德讚歎修習無量
기증장공덕찬탄수습무량

福智爲欲令其發大誓願稱
복지위욕령기발대서원칭

讚調伏一切衆生爲欲令其
찬조복일체중생위욕령기

修普賢行說諸菩薩爲於一切
수보현행설제보살위어일체

사경의 공덕은 십만억 부처님께 공양한 것과 같은 공덕이 있습니다.

刹찰一일切체劫겁住주修수諸제行행網망爲위欲욕

令령其기具구佛불相상好호稱칭揚양讚찬歎탄檀단

波바羅라蜜밀爲위欲욕令령其기得득佛불淨정身신

悉실能능徧변至지一일切체處처故고稱칭揚양讚찬

歎탄尸시波바羅라蜜밀爲위欲욕令령其기得득佛불

淸청淨정不부思사議의身신稱칭揚양讚찬歎탄忍인

波바羅라蜜밀爲위欲욕令령其기獲획於어如여來래

稱 칭	欲 욕	身 신	爲 위	與 여	羅 라	無 무
揚 양	令 령	稱 칭	欲 욕	等 등	蜜 밀	能 능
讚 찬	其 기	揚 양	令 령	身 신	爲 위	勝 승
歎 탄	現 현	讚 찬	其 기	稱 칭	欲 욕	身 신
方 방	佛 불	歎 탄	顯 현	揚 양	令 령	稱 칭
便 편	世 세	般 반	現 현	讚 찬	其 기	揚 양
波 바	尊 존	若 야	如 여	歎 탄	得 득	讚 찬
羅 라	淸 청	波 바	來 래	禪 선	於 어	歎 탄
蜜 밀	淨 정	羅 라	淸 청	波 바	淸 청	精 정
爲 위	色 색	蜜 밀	淨 정	羅 라	淨 정	進 진
欲 욕	身 신	爲 위	法 법	蜜 밀	無 무	波 바

爲 위	使 사	令 령	土 토	現 현	揚 양	令 령
欲 욕	歡 환	其 기	稱 칭	淸 청	讚 찬	其 기
令 령	喜 희	現 현	揚 양	淨 정	歎 탄	爲 위
其 기	稱 칭	淸 청	讚 찬	身 신	願 원	諸 제
獲 획	揚 양	淨 정	歎 탄	悉 실	波 바	衆 중
於 어	讚 찬	身 신	力 력	過 과	羅 라	生 생
究 구	歎 탄	隨 수	波 바	一 일	蜜 밀	住 주
竟 경	智 지	衆 중	羅 라	切 체	爲 위	一 일
淨 정	波 바	生 생	蜜 밀	諸 제	欲 욕	切 체
妙 묘	羅 라	心 심	爲 위	佛 불	令 령	劫 겁
之 지	蜜 밀	悉 실	欲 욕	刹 찰	其 기	稱 칭

身(신)稱(칭)揚(양)讚(찬)歎(탄)永(영)離(리)一(일)切(체)諸(제)不(불)

善(선)法(법)如(여)是(시)施(시)已(이)各(각)令(령)還(환)去(거)善(선)

男(남)子(자)我(아)又(우)善(선)知(지)和(화)合(합)一(일)切(체)諸(제)

香(향)要(요)法(법)所(소)謂(위)無(무)等(등)香(향)辛(신)頭(두)波(파)

羅(라)香(향)無(무)勝(승)香(향)覺(각)悟(오)香(향)阿(아)盧(로)那(나)

跋(발)底(저)香(향)堅(견)黑(흑)栴(전)檀(단)香(향)烏(오)洛(락)迦(가)

栴(전)檀(단)香(향)沈(침)水(수)香(향)不(부)動(동)諸(제)根(근)香(향)

如(여)是(시)等(등)香(향)悉(실)知(지)調(조)理(리)和(화)合(합)之(지)
法(법)又(우)善(선)男(남)子(자)我(아)持(지)此(차)金(금)以(이)爲(위)
供(공)養(양)普(보)見(견)諸(제)佛(불)所(소)願(원)皆(개)滿(만)所(소)
謂(위)救(구)護(호)一(일)切(체)衆(중)生(생)願(원)嚴(엄)淨(정)一(일)
切(체)佛(불)刹(찰)願(원)供(공)養(양)一(일)切(체)如(여)來(래)願(원)
又(우)善(선)男(남)子(자)然(연)此(차)香(향)時(시)一(일)一(일)香(향)
中(중)出(출)無(무)量(량)香(향)偏(변)至(지)十(시)方(방)一(일)切(체)

法법 界계 一일 切체 諸제 佛불 衆중 會회 道도 場량 或혹

爲위 香향 宮궁 或혹 爲위 香향 殿전 如여 是시 香향 欄란

檻함 香향 垣원 墻장 香향 却각 敵적 香향 戶호 牖유 香향

重중 閣각 香향 半반 月월 香향 蓋개 香향 幢당 香향 幡번

香향 帳장 香향 羅라 網망 香향 形형 像상 香향 莊장 嚴엄

具구 香향 光광 明명 香향 雲운 雨우 處처 處처 充충 滿만

以이 爲위 莊장 嚴엄 善선 男남 子자 我아 唯유 知지 此차

令一切衆生普見諸佛歡喜
령일체중생보견제불환희
法門如諸菩薩摩訶薩如大
법문여제보살마하살여대
藥王若見若聞若憶念若同
약왕약견약문약억념약동
住若隨行往若稱名號皆獲
주약수행왕약칭명호개획
利益無空過者若有衆生暫
이익무공과자약유중생잠
得値遇必令消滅一切煩惱
득치우필령소멸일체번뇌
入於佛法離諸苦蘊永息一
입어불법이제고온영식일

彼 피	幢 당	於 어	能 능	住 주	智 지	切 체
問 문	彼 피	此 차	知 지	平 평	處 처	生 생
菩 보	中 중	南 남	能 능	等 등	摧 최	死 사
薩 살	有 유	方 방	說 설	寂 적	壞 괴	怖 포
云 운	王 왕	有 유	彼 피	滅 멸	一 일	畏 외
何 하	名 명	一 일	功 공	之 지	切 체	到 도
學 학	無 무	大 대	德 덕	樂 락	老 노	無 무
菩 보	厭 염	城 성	行 행	而 이	死 사	所 소
薩 살	足 족	名 명	善 선	我 아	大 대	畏 외
行 행	汝 여	多 다	男 남	云 운	山 산	一 일
修 수	詣 예	羅 나	子 자	何 하	安 안	切 체

菩薩道時善財童子禮普眼
보살도시선재동자예보안

足遶無量匝殷勤瞻仰辭退
족요무량잡은근첨앙사퇴

而去
이거

爾時善財童子憶念思惟
이시선재동자억념사유

善知識教念善知識能攝受
선지식교념선지식능섭수

我能守護我令我於阿耨多
아능수호아령아어아녹다

羅三藐三菩提無有退轉如
라삼약삼보리무유퇴전여

歷 력	心 심	法 법	心 심	勝 승	大 대	是 시
國 국	不 불	心 심	無 무	妙 묘	心 심	思 사
土 토	捨 사	徧 변	礙 애	心 심	怡 이	惟 유
村 촌	十 십	往 왕	心 심	寂 적	暢 창	生 생
邑 읍	力 력	佛 불	平 평	靜 정	心 심	歡 환
聚 취	心 심	刹 찰	等 등	心 심	踊 용	喜 희
落 락	漸 점	心 심	心 심	莊 장	躍 약	心 심
至 지	次 차	見 견	自 자	嚴 엄	心 심	淨 정
多 다	遊 유	佛 불	在 재	心 심	欣 흔	信 신
羅 라	行 행	莊 장	心 심	無 무	慶 경	心 심
幢 당	經 경	嚴 엄	住 주	着 착	心 심	廣 광

城問無厭足王所在之處諸
성문무염족왕소재지처제

人答言此王今者在於正殿
인답언차왕금자재어정전

坐師子座宣布法化調御衆
좌사자좌선포법화조어중

生可治者治可攝者攝罰其
생가치자치가섭자섭벌기

罪惡決其諍訟撫其孤弱皆
죄악결기쟁송무기고약개

令永斷殺盜邪淫亦令禁止
령영단살도사음역령금지

妄言兩舌惡口綺語又使遠
망언양설악구기어우사원

離(리)貪(탐)瞋(진)邪(사)見(견)時(시)善(선)財(재)童(동)子(자)依(의)
衆(중)人(인)語(어)尋(심)卽(즉)往(왕)詣(예)遙(요)見(견)彼(피)王(왕)
坐(좌)那(나)羅(라)延(연)金(금)剛(강)之(지)座(좌)阿(아)僧(승)祇(기)
寶(보)以(이)爲(위)其(기)足(족)無(무)量(량)寶(보)像(상)以(이)爲(위)
莊(장)嚴(엄)金(금)繩(승)爲(위)網(망)彌(미)覆(복)其(기)上(상)如(여)
意(의)摩(마)尼(니)以(이)爲(위)寶(보)冠(관)莊(장)嚴(엄)其(기)首(수)
閻(염)浮(부)檀(단)香(향)以(이)爲(위)半(반)月(월)莊(장)嚴(엄)其(기)

額(액) 帝(제) 靑(청) 摩(마) 尼(니) 以(이) 爲(위) 耳(이) 璫(당) 相(상) 對(대)
垂(수) 下(하) 無(무) 價(가) 摩(마) 尼(니) 以(이) 爲(위) 瓔(영) 珞(락) 莊(장)
嚴(엄) 其(기) 頸(경) 天(천) 妙(묘) 摩(마) 尼(니) 以(이) 爲(위) 印(인) 釧(천)
莊(장) 嚴(엄) 其(기) 臂(비) 閻(염) 浮(부) 檀(단) 金(금) 以(이) 爲(위) 其(기)
蓋(개) 衆(중) 寶(보) 間(간) 錯(착) 以(이) 爲(위) 輪(륜) 幅(폭) 大(대) 瑠(류)
璃(리) 寶(보) 以(이) 爲(위) 其(기) 竿(간) 光(광) 味(미) 摩(마) 尼(니) 以(이)
爲(위) 其(기) 臍(제) 雜(잡) 寶(보) 爲(위) 鈴(령) 恒(항) 出(출) 妙(묘) 音(음)

褊 편	有 유	前 전	離 이	力 력	蓋 개	放 방
陋 루	十 십	後 후	垢 구	勢 세	而 이	大 대
執 집	萬 만	圍 위	繒 증	能 능	覆 부	光 광
持 지	猛 맹	遶 요	而 이	伏 복	其 기	明 명
器 기	卒 졸	共 공	繫 계	他 타	上 상	周 주
仗 장	形 형	理 리	其 기	衆 중	阿 아	徧 변
攘 양	貌 모	王 왕	頂 정	無 무	那 나	十 시
臂 비	醜 추	事 사	十 십	能 능	羅 라	方 방
瞋 진	惡 악	其 기	千 천	與 여	王 왕	如 여
目 목	衣 의	前 전	大 대	敵 적	有 유	是 시
衆 중	服 복	復 부	臣 신	以 이	大 대	寶 보

生(생) 見(견) 者(자) 無(무) 不(불) 恐(공) 怖(포)

無(무) 量(량) 衆(중) 生(생) 犯(범) 王(왕) 敎(교) 勅(칙) 或(혹) 盜(도)

他(타) 物(물) 或(혹) 害(해) 他(타) 命(명) 或(혹) 侵(침) 他(타) 妻(처) 或(혹)

生(생) 邪(사) 見(견) 或(혹) 起(기) 瞋(진) 恨(한) 或(혹) 懷(회) 貪(탐) 嫉(질)

作(작) 如(여) 是(시) 等(등) 種(종) 種(종) 惡(악) 業(업) 身(신) 彼(피) 五(오)

縛(박) 將(장) 詣(예) 王(왕) 所(소) 隨(수) 其(기) 所(소) 犯(범) 以(이) 治(치)

罰(벌) 之(지) 或(혹) 斷(단) 手(수) 足(족) 或(혹) 截(절) 耳(이) 鼻(비) 或(혹)

衆 중	已 이	譬 비	如 여	焚 분	或 혹	挑 도
生 생	作 작	如 여	是 시	或 혹	解 해	其 기
求 구	如 여	衆 중	等 등	驅 구	其 기	目 목
菩 보	是 시	合 합	無 무	上 상	體 체	或 혹
薩 살	念 념	大 대	量 량	高 고	或 혹	斬 참
行 행	我 아	地 지	楚 초	山 산	以 이	其 기
修 수	爲 위	獄 옥	毒 독	推 추	湯 탕	首 수
菩 보	利 이	中 중	發 발	令 령	煮 자	或 혹
薩 살	益 익	善 선	聲 성	墮 타	或 혹	剝 박
道 도	一 일	財 재	號 호	落 락	以 이	其 기
今 금	切 체	見 견	叫 규	有 유	火 화	皮 피

者此王滅諸善法作大罪業
자차왕멸제선법작대죄업

逼惱衆生乃至斷命曾不顧
핍뇌중생내지단명증불고

懼未來惡道云何於此而欲
구미래악도운하어차이욕

求法發大悲心救護衆生作
구법발대비심구호중생작

是念時空中有天而告之言
시념시공중유천이고지언

善男子汝當憶念普眼長者
선남자여당억념보안장자

善知識教善財仰視而白之
선지식교선재앙시이백지

曰我常憶念初不敢忘天曰
왈 아 상 억 념 초 불 감 망 천 왈

善男子汝莫厭離善知識語
선 남 자 여 막 염 리 선 지 식 어

善知識者能引導汝至無險
선 지 식 자 능 인 도 여 지 무 험

難安隱之處善男子菩薩善
난 안 은 지 처 선 남 자 보 살 선

巧方便智不可思議攝受衆
교 방 편 지 불 가 사 의 섭 수 중

生智不可思議護念衆生智
생 지 불 가 사 의 호 념 중 생 지

不可思議成熟衆生智不可
불 가 사 의 성 숙 중 생 지 불 가

思議守護衆生智不可思議 (사의수호중생지불가사의)
度脫衆生智不可思議調伏 (도탈중생지불가사의조복)
衆生智不可思議時善財童 (중생지불가사의시선재동)
子聞此語已卽詣王所頂禮 (자문차어이즉예왕소정례)
其足白言聖者我已先發阿 (기족백언성자아이선발아)
耨多羅三藐三菩提心而未 (녹다라삼약삼보리심이미)
知菩薩云何學菩薩行云何 (지보살운하학보살행운하)

사경의 공덕은 십만억 부처님께 공양한 것과 같은 공덕이 있습니다.

修菩薩道我聞聖者善能教 (수보살도아문성자선능교)

誨願爲我說時阿那羅王理 (회원위아설시아나라왕이)

王事已善財手將入宮中 (왕사이선재수장입궁중)

命之同坐告言善男子汝應 (명지동좌고언선남자여응)

觀我所住宮殿善財如語卽 (관아소주궁전선재여어즉)

徧觀察見其宮殿廣大無比 (변관찰견기궁전광대무비)

皆以妙寶之所合成七寶爲 (개이묘보지소합성칠보위)

牆周匝圍遶百千衆寶以爲
장주잡위요백천중보이위

樓閣種種莊嚴悉皆妙好不
누각종종장엄실개묘호부

思議摩尼寶網羅覆其上十
사의마니보망라부기상십

億侍女端正殊絶威儀進止
억시녀단정수절위의진지

皆悉可觀凡所施爲無非巧
개실가관범소시위무비교

妙先起後臥軟意承旨時阿
묘선기후와연의승지시아

那羅王告善財言善男子於
나라왕고선재언선남자어

사경의 공덕은 십만억 부처님께 공양한 것과 같은 공덕이 있습니다.

意云何我若實作如是惡業
의운하아약실작여시악업

云何而得如是果報如是色
운하이득여시과보여시색

身如是眷屬如是富瞻如是
신여시권속여시부첨여시

自在善男子我得菩薩如幻
자재선남자아득보살여환

解脫善男子我此國土所有
해탈선남자아차국토소유

衆生多行殺盜乃至邪見作
중생다행살도내지사견작

餘方便不能令其捨離惡業
여방편불능령기사리악업

善 선	發 발	生 생	事 사	苦 고	化 화	善 선
男 남	阿 아	怯 겁	已 이	令 령	作 작	男 남
子 자	耨 뇩	弱 약	心 심	其 기	惡 악	子 자
我 아	多 다	斷 단	生 생	一 일	人 인	我 아
以 이	羅 라	其 기	惶 황	切 체	造 조	爲 위
如 여	三 삼	所 소	怖 포	作 작	諸 제	調 조
是 시	藐 먁	作 작	心 심	惡 악	罪 죄	伏 복
巧 교	三 삼	一 일	生 생	衆 중	業 업	彼 피
方 방	菩 보	切 체	厭 염	生 생	受 수	衆 중
便 편	提 리	惡 악	離 리	見 견	種 종	生 생
故 고	意 의	業 업	心 심	是 시	種 종	故 고

令諸衆生捨十惡業住十善
령제중생사십악업주십선

道究竟快樂究竟安穩究竟
도구경쾌락구경안온구경

住於一切智地善男子我身
주어일체지지선남자아신

語意未曾惱害於一衆生善
어의미증뇌해어일중생선

男子如我心者寧於未來受
남자여아심자녕어미래수

無間苦終不發生一念之意
무간고종불발생일념지의

與一蚊一蟻而作苦事況復
여일문일의이작고사황부

사경의 공덕은 십만억 부처님께 공양한 것과 같은 공덕이 있습니다.

人耶人是福田能生一切諸
인야인시복전능생일체제

善法故善男子我唯得此如
선법고선남자아유득차어

幻解脫如諸菩薩摩訶薩得
환해탈여제보살마하살득

無生忍知諸有趣悉皆如幻
무생인지제유취실개여환

菩薩諸行悉皆如化一切世
보살제행실개여화일체세

間悉皆如影一切諸法悉皆
간실개여영일체제법실개

如夢入眞實相無礙法門修
여몽입진실상무애법문수

行帝網一切諸行以無礙智
행제망일체제행이무애지

行於境界普入一切平等三
행어경계보입일체평등삼

昧於陀羅尼已得自在而我
매어다라니이득자재이아

云何能知能說彼功德行善
운하능지능설피공덕행선

男子於此南方有城名妙光
남자어차남방유성명묘광

王名大光汝詣彼問菩薩云
왕명대광여예피문보살운

何學菩薩行修菩薩道時善
하학보살행수보살도시선

財(재)童(동)子(자)頂(정)禮(례)王(왕)足(족)遶(요)無(무)數(수)匝(잡)

辭(사)退(퇴)而(이)去(거)

爾(이)時(시)善(선)財(재)童(동)子(자)一(일)心(심)正(정)念(념)

彼(피)王(왕)所(소)得(득)幻(환)智(지)法(법)門(문)思(사)惟(유)彼(피)

王(왕)如(여)幻(환)解(해)脫(탈)觀(관)察(찰)彼(피)王(왕)如(여)幻(환)

法(법)性(성)發(발)如(여)幻(환)願(원)淨(정)如(여)幻(환)法(법)普(보)

於(어)一(일)切(체)如(여)幻(환)三(삼)世(세)起(기)於(어)種(종)種(종)

如여 幻환 變변 化화 如여 是시 思사 惟유 漸점 次차 遊유
行행 或혹 至지 人인 間간 城성 邑읍 聚취 落락 或혹 經경
曠광 野야 巖암 谷곡 險험 難난 無무 有유 疲피 懈해 未미
曾증 休휴 息식 然연 後후 乃내 至지 妙묘 光광 大대 城성
而이 問문 人인 言언 妙묘 光광 大대 城성 在재 於어 何하
所소 人인 咸함 報보 言언 妙묘 光광 城성 者자 今금 此차
城성 是시 是시 大대 光광 王왕 之지 所소 住주 處처 時시

사경의 공덕은 십만억 부처님께 공양한 것과 같은 공덕이 있습니다.

善財童子歡喜踊躍作如是 [선재동자환희용약작여시]
念我善知識在此城中我今 [념아선지식재차성중아금]
必當親得奉見聞諸菩薩所 [필당친득봉견문제보살소]
行之行聞諸菩薩出要之門 [행지행문제보살출요지문]
聞諸菩薩所證之法聞諸菩 [문제보살소증지법문제보]
薩不思議功德聞諸菩薩不 [살부사의공덕문제보살부]
思議自在聞諸菩薩不思議 [사의자재문제보살부사의]

사경의 공덕은 십만억 부처님께 공양한 것과 같은 공덕이 있습니다.

平等聞諸菩薩不思議勇猛
평등문제보살부사의용맹

聞諸菩薩不思議境界廣大
문제보살부사의경계광대

清淨作是念已入妙光城見
청정작시념이입묘광성견

此大城以金銀瑠璃玻瓈眞
차대성이금은류리파려진

珠硨磲瑪瑙七寶所成七寶
주자거마노칠보소성칠보

深塹七重圍遶八功德水盈
심참칠중위요팔공덕수영

滿其中底布金沙優鉢羅華
만기중저포금사우발라화

堅 견	壞 괴	垣 원	各 각	行 항	華 화	波 파
固 고	金 금	無 무	圍 위	列 렬	徧 변	頭 두
無 무	剛 강	能 능	遶 요	七 칠	布 포	摩 마
礙 애	垣 원	超 초	所 소	種 종	其 기	華 화
金 금	不 불	勝 승	謂 위	金 금	上 상	拘 구
剛 강	可 가	金 금	師 사	剛 강	寶 보	物 물
垣 원	毀 훼	剛 강	子 자	以 이	多 다	頭 두
勝 승	缺 결	垣 원	光 광	爲 위	羅 라	華 화
妙 묘	金 금	不 불	明 명	其 기	樹 수	芬 분
網 망	剛 강	可 가	金 금	垣 원	七 칠	陀 다
藏 장	垣 원	沮 저	剛 강	各 각	重 중	利 리

金剛垣離塵清淨金剛垣悉
금강원이진청정금강원실

以無數摩尼妙寶間錯莊嚴
이무수마니묘보간착장엄

種種衆寶以爲埤堄其城縱
종종중보이위비예기성종

廣一十由旬周迴八方面開
광일십유순주회팔방면개

八門皆以七寶周徧嚴飾毘
팔문개이칠보주변엄식비

瑠璃寶以爲其地種種莊嚴
유리보이위기지종종장엄

甚可愛樂其城之內十億衢
심가애락기성지내십억구

道一一道間皆有無量萬億
衆生於中止住有無數閻浮
檀金樓閣毘瑠璃摩尼網羅
覆其上無數銀樓閣赤眞珠
摩尼網羅覆其上無數毘瑠
璃樓閣妙藏摩尼網羅覆其
上無數玻瓈樓閣無垢藏摩

其 기	樓 누	覆 부	尼 니	王 왕	世 세	尼 니
上 상	閣 각	其 기	寶 보	網 망	間 간	王 왕
無 무	焰 염	上 상	樓 누	羅 라	摩 마	網 망
數 수	光 광	無 무	閣 각	覆 부	尼 니	羅 라
金 금	明 명	數 수	妙 묘	其 기	寶 보	覆 부
剛 강	摩 마	衆 중	光 광	上 상	樓 누	其 기
寶 보	尼 니	生 생	摩 마	無 무	閣 각	上 상
樓 누	王 왕	海 해	尼 니	數 수	日 일	無 무
閣 각	網 망	摩 마	王 왕	帝 제	藏 장	數 수
無 무	羅 라	尼 니	網 망	青 청	摩 마	光 광
能 능	覆 부	王 왕	羅 라	摩 마	尼 니	照 조

사경의 공덕은 십만억 부처님께 공양한 것과 같은 공덕이 있습니다.

網 망	鈴 령	城 성	樓 누	網 망	數 수	勝 승
無 무	網 망	復 부	閣 각	羅 라	黑 흑	幢 당
數 수	無 무	有 유	種 종	覆 부	栴 전	摩 마
寶 보	數 수	無 무	種 종	其 기	檀 단	尼 니
形 형	天 천	數 수	華 화	上 상	樓 누	王 왕
像 상	香 향	摩 마	網 망	無 무	閣 각	網 망
網 망	網 망	尼 니	羅 라	數 수	天 천	羅 라
無 무	無 무	網 망	覆 부	無 무	曼 만	覆 부
數 수	數 수	無 무	其 기	等 등	陀 다	其 기
寶 보	天 천	數 수	上 상	香 향	羅 라	上 상
衣 의	華 화	寶 보	其 기	王 왕	華 화	無 무

帳(장) 無(무) 數(수) 寶(보) 蓋(개) 帳(장) 無(무) 數(수) 寶(보) 樓(누) 閣(각)
帳(장) 無(무) 數(수) 寶(보) 華(화) 鬘(만) 帳(장) 之(지) 所(소) 彌(미) 覆(부)
處(처) 處(처) 建(건) 立(립) 寶(보) 蓋(개) 幢(당) 幡(번) 當(당) 此(차) 城(성)
中(중) 有(유) 一(일) 樓(누) 閣(각) 名(명) 正(정) 法(법) 藏(장) 阿(아) 僧(승)
祇(기) 寶(보) 以(이) 爲(위) 莊(장) 嚴(엄) 光(광) 明(명) 赫(혁) 奕(혁) 最(최)
勝(승) 無(무) 比(비) 衆(중) 生(생) 見(견) 者(자) 心(심) 無(무) 厭(염) 足(족)
彼(피) 大(대) 光(광) 王(왕) 常(상) 處(처) 其(기) 中(중)

爾(이)時(시)善(선)財(재)童(동)子(자)於(어)此(차)一(일)切(체)
珍(진)寶(보)妙(묘)物(물)乃(내)至(지)男(남)女(녀)六(육)塵(진)境(경)
界(계)皆(개)無(무)愛(애)着(착)但(단)正(정)思(사)惟(유)究(구)竟(경)
之(지)法(법)一(일)心(심)願(원)樂(락)見(견)善(선)知(지)識(식)漸(점)
次(차)遊(유)行(행)見(견)大(대)光(광)王(왕)去(거)於(어)所(소)住(주)
樓(누)閣(각)不(불)遠(원)四(사)衢(구)道(도)中(중)坐(좌)如(여)意(의)
摩(마)尼(니)寶(보)蓮(연)華(화)藏(장)廣(광)大(대)莊(장)嚴(엄)師(사)

奕 혁	光 광	十 십	趺 부	衣 의	金 금	子 자
如 여	色 색	隨 수	坐 좌	以 이	繒 증	之 지
盛 성	熾 치	好 호	二 이	爲 위	爲 위	座 좌
滿 만	盛 성	而 이	十 십	茵 인	帳 장	紺 감
月 월	如 여	以 이	八 팔	褥 욕	衆 중	瑠 류
見 견	淨 정	嚴 엄	種 종	其 기	寶 보	璃 리
者 자	空 공	身 신	大 대	王 왕	爲 위	寶 보
清 청	日 일	如 여	人 인	於 어	網 망	以 이
涼 량	威 위	眞 진	之 지	上 상	上 상	爲 위
如 여	光 광	金 금	相 상	結 결	妙 묘	其 기
梵 범	赫 혁	山 산	八 팔	跏 가	天 천	足 족

天王處於梵衆亦如大海功
천왕처어범중역여대해공

德法寶無有邊際亦如雪山
덕법보무유변제역여설산

相好樹林以爲嚴飾亦如大
상호수림이위엄식역여대

雲能震法雷啓悟群品亦如
운능진법뇌계오군품역여

虛空顯現種種法門星象如
허공현현종종법문성상여

須彌山四色普現衆生心海
수미산사색보현중생심해

亦如寶洲種種智寶充滿其
역여보주종종지보충만기

中於王座前有金銀瑠璃摩
중어왕좌전유금은류리마

尼眞珠珊瑚琥珀珂貝璧玉
니진주산호호박가패벽옥

諸珍寶聚衣服瓔珞及諸飮
제진보취의복영락급제음

食無量無邊種種充滿復見
식무량무변종종충만부견

無量百千萬億上妙寶車百
무량백천만억상묘보거백

千萬億諸天妓樂百千萬億
천만억제천기악백천만억

天諸妙香百千萬億病緣湯
천제묘향백천만억병연탕

藥資生之具如是一切悉皆
약자생지구여시일체실개

珍好無量乳牛蹄角金色無
진호무량유우제각금색무

量千億端正女人上妙栴檀
량천억단정여인상묘전단

以塗其體天衣瓔珞種種莊
이도기체천의영락종종장

嚴六十四能靡不該練世情
엄육십사능미불해련세정

禮則悉皆善解隨衆生心而
예칙실개선해수중생심이

以給施城邑聚落四衢道側
이급시성읍취락사구도측

悉置一切資生之具一一道
傍皆有二十億菩薩以此諸
物給施衆生爲欲普攝衆生
故爲令衆生歡喜故爲令衆
生踊躍故爲令衆生心淨故
爲令衆生淸涼故爲滅衆生
煩惱故爲令衆生知一切義

사경의 공덕은 십만억 부처님께 공양한 것과 같은 공덕이 있습니다.

理故爲令衆生入一切智道
故爲令衆生捨怨敵心故爲
令衆生離身語惡故爲令衆
生拔諸邪見故爲令衆生淨
諸業道故
時善財童子五體投地頂
禮其足恭敬右遶經無量帀

合掌而住白言聖者我已先
합장이주백언성자아이선

發阿耨多羅三藐三菩提心
발아녹다라삼약삼보리심

而未知菩薩云何學菩薩行
이미지보살운하학보살행

云何修菩薩道我聞聖者善
운하수보살도아문성자선

能誘誨願爲我說時王告言
능유회원위아설시왕고언

善男子我淨修菩薩大慈幢
선남자아정수보살대자당

行我滿足菩薩大慈幢行善
행아만족보살대자당행선

男子我於無量百千萬億乃
남자아어무량백천만억내

至不可說不可說佛所問難
지불가설불가설불소문난

此法思惟觀察修習莊嚴善
차법사유관찰수습장엄선

男子我以此法爲王以此法
남자아이차법위왕이차법

教勅以此法攝受以此法隨
교칙이차법섭수이차법수

逐世間以此法引導衆生以
축세간이차법인도중생이

此法令衆生修行以此法令
차법령중생수행이차법령

衆生趣入以此法與衆生方便以此法令衆生熏習以此法令衆生起行以此法令衆生安住思惟諸法自性以此法令衆生安住慈心以慈爲主具足慈力如是令住利益心安樂心哀愍心攝受心守

護衆生不捨離心拔衆生苦
호중생불사이심발중생고

無休息心我以此法令一切
무휴식심아이차법령일체

衆生畢竟快樂恒自悅豫身
중생필경쾌락항자열예신

無諸苦心得淸涼斷生死愛
무제고심득청량단생사애

樂正法樂滌煩惱垢破惡業
악정법락척번뇌구파악업

障絶生死流入眞法海斷諸
장절생사류입진법해단제

有趣求一切智淨諸心海生
유취구일체지정제심해생

사경의 공덕은 십만억 부처님께 공양한 것과 같은 공덕이 있습니다.

不(불)壞(괴)信(신)善(선)男(남)子(자)我(아)已(이)住(주)此(차)大(대)

慈(자)幢(당)行(행)能(능)以(이)正(정)法(법)敎(교)化(화)世(세)間(간)

善(선)男(남)子(자)我(아)國(국)土(토)中(중)一(일)切(체)衆(중)生(생)

皆(개)於(어)我(아)所(소)無(무)有(유)恐(공)怖(포)善(선)男(남)子(자)

若(약)有(유)衆(중)生(생)貧(빈)窮(궁)困(곤)乏(핍)來(래)至(지)我(아)

所(소)而(이)有(유)求(구)索(색)我(아)開(개)庫(고)藏(장)恣(자)其(기)

所(소)取(취)而(이)語(어)之(지)言(언)莫(막)造(조)諸(제)惡(악)莫(막)

害衆生莫起諸見莫生執着
해중생막기제견막생집착
汝等貧乏若有所須當來我
여등빈핍약유소수당래아
所及四衢道一切諸物種種
소급사구도일체제물종종
具足隨意而取勿生疑難善
구족수의이취물생의난선
男子此妙光城所住衆生皆
남자차묘광성소주중생개
是菩薩發大乘意隨心所欲
시보살발대승의수심소욕
所見不同或見此城其量狹
소견부동혹견차성기량협

坦 탄	無 무	地 지	或 혹	以 이	土 토	小 소
如 여	量 량	多 다	見 견	莊 장	砂 사	或 혹
掌 장	大 대	諸 제	寶 보	嚴 엄	以 이	見 견
或 혹	摩 마	瓦 와	牆 장	或 혹	爲 위	此 차
見 견	尼 니	石 석	周 주	見 견	其 기	城 성
屋 옥	寶 보	高 고	匝 잡	聚 취	地 지	其 기
宅 택	間 간	下 하	圍 위	土 토	或 혹	量 량
土 토	錯 착	不 불	遶 요	以 이	見 견	廣 광
木 목	莊 장	平 평	或 혹	爲 위	衆 중	大 대
所 소	嚴 엄	或 혹	見 견	垣 원	寶 보	或 혹
成 성	平 평	見 견	其 기	牆 장	而 이	見 견

或見殿堂及諸樓閣階墀窓
혹 견 전 당 급 제 누 각 계 지 창

闥軒檻戶牖如是一切無非
달 헌 함 호 유 여 시 일 체 무 비

妙寶善男子若有衆生其心
묘 보 선 남 자 약 유 중 생 기 심

淸淨曾種善根供養諸佛發
청 정 증 종 선 근 공 양 제 불 발

心趣向一切智道以一切智
심 취 향 일 체 지 도 이 일 체 지

爲究竟處及我昔時修菩薩
위 구 경 처 급 아 석 시 수 보 살

行曾所攝受則見此城衆寶
행 증 소 섭 수 칙 견 차 성 중 보

사경의 공덕은 십만억 부처님께 공양한 것과 같은 공덕이 있습니다.

嚴淨餘皆見穢善男子此國
엄정여개견예선남자차국

土中一切衆生五濁世時樂
토중일체중생오탁세시악

作諸惡我心哀愍而欲救護
작제악아심애민이욕구호

入於菩薩大慈爲首隨順世
입어보살대자위수수순세

間三昧之門入此三昧時彼
간삼매지문입차삼매시피

諸衆生所有怖畏心惱害心
제중생소유포외심뇌해심

怨敵心諍論心如是諸心悉
원적심쟁론심여시제심실

自(자)消(소)滅(멸)何(하)以(이)故(고)入(입)於(어)菩(보)薩(살)大(대)
慈(자)爲(위)首(수)順(순)世(세)三(삼)昧(매)法(법)如(여)是(시)故(고)
善(선)男(남)子(자)且(차)待(대)須(수)臾(유)自(자)當(당)現(현)見(견)
時(시)大(대)光(광)王(왕)即(즉)入(입)此(차)定(정)其(기)城(성)內(내)
外(외)六(육)種(종)震(진)動(동)諸(제)寶(보)地(지)寶(보)牆(장)寶(보)
堂(당)寶(보)殿(전)臺(대)觀(관)樓(누)閣(각)階(계)砌(체)戶(호)牖(유)
如(여)是(시)一(일)切(체)咸(함)出(출)妙(묘)音(음)悉(실)向(향)於(어)

敬 경	瞻 첨	禮 례	一 일	向 향	居 거	王 왕
禮 예	視 시	近 근	切 체	王 왕	人 인	曲 곡
拜 배	起 기	王 왕	人 인	所 소	靡 미	躬 궁
一 일	慈 자	所 소	衆 중	擧 거	不 불	敬 경
切 체	悲 비	住 주	咸 함	身 신	同 동	禮 례
山 산	心 심	鳥 조	來 래	投 투	時 시	妙 묘
原 원	咸 함	獸 수	見 견	地 지	歡 환	光 광
及 급	向 향	之 지	王 왕	村 촌	喜 희	城 성
諸 제	王 왕	屬 속	歡 환	營 영	踊 용	內 내
草 초	前 전	互 호	喜 희	城 성	躍 약	所 소
樹 수	恭 공	相 상	敬 경	邑 읍	俱 구	有 유

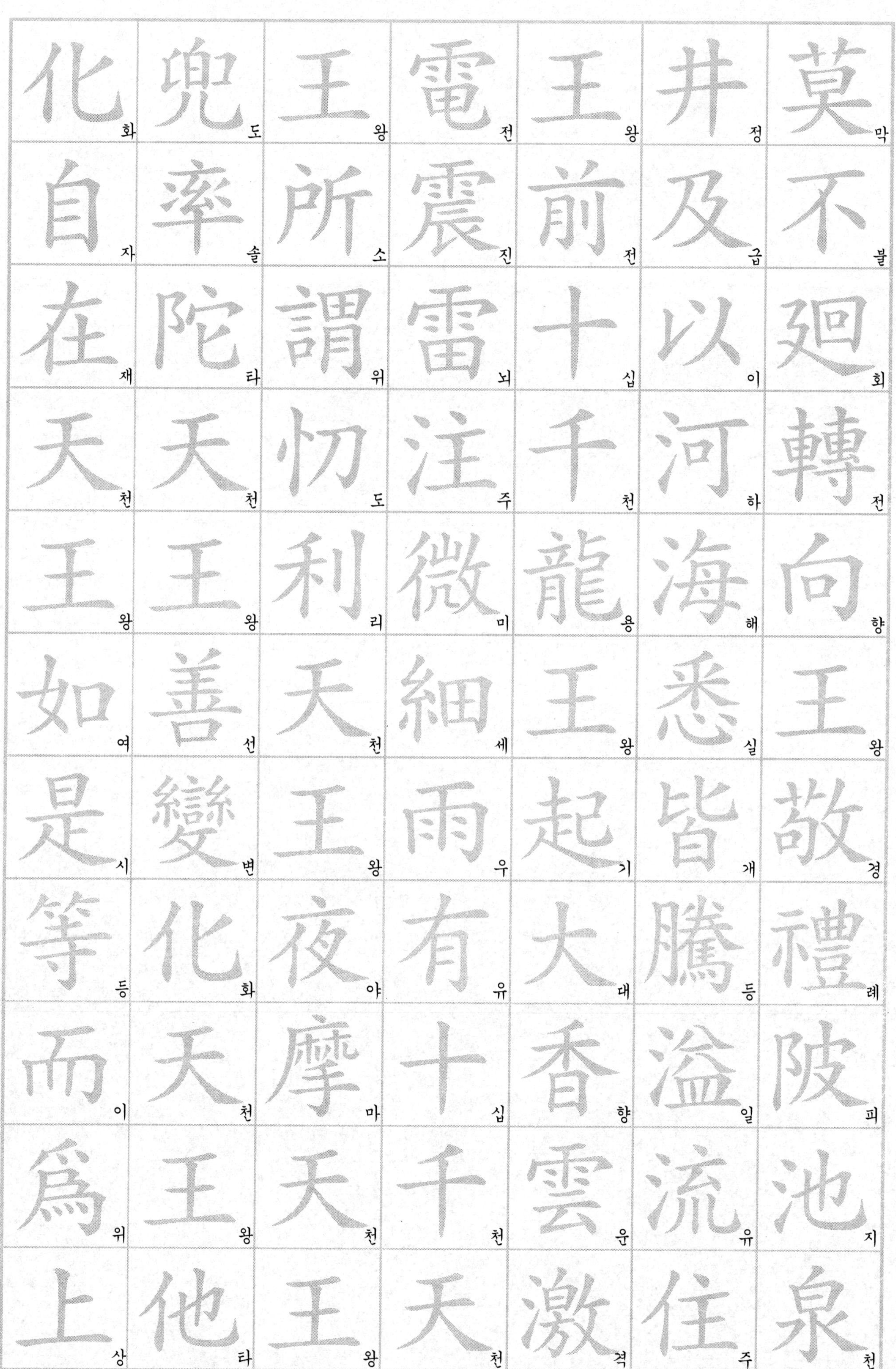
莫不迴轉向王敬禮陂池泉
막불회전향왕경례피지천
井及以河海悉皆騰溢流住
정급이하해실개등일유주
王前十千龍王起大香雲激
왕전십천용왕기대향운격
電震雷注微細雨有十千天
전진뇌주미세우유십천천
王所謂忉利天王夜摩天王
왕소위도리천왕야마천왕
兜率陀天王善變化天王他
도솔타천왕선변화천왕타
化自在天王如是等而爲上
화자재천왕여시등이위상

首於虛空中作衆妓樂無數
수어허공중작중기악무수

天女歌詠讚歎雨無數華雲
천녀가영찬탄우무수화운

無數香雲無數寶鬘雲無數
무수향운무수보만운무수

寶衣雲無數寶蓋雲無數寶
보의운무수보개운무수보

幢雲無數寶幡雲於虛空中
당운무수보번운어허공중

而爲莊嚴供養其王伊羅婆
이위장엄공양기왕이라바

拏大象王以自在力於虛空
나대상왕이자재력어허공

사경의 공덕은 십만억 부처님께 공양한 것과 같은 공덕이 있습니다.

羅 라	提 제	飾 식	無 무	寶 보	數 수	中 중
刹 찰	內 내	無 무	數 수	鬘 만	寶 보	敷 부
王 왕	復 부	數 수	寶 보	無 무	瓔 영	布 포
諸 제	有 유	婇 채	香 향	數 수	珞 락	無 무
夜 야	無 무	女 녀	種 종	寶 보	無 무	數 수
叉 차	量 량	種 종	種 종	嚴 엄	數 수	大 대
王 왕	百 백	種 종	奇 기	具 구	寶 보	寶 보
鳩 구	千 천	歌 가	妙 묘	無 무	繒 증	蓮 연
槃 반	萬 만	讚 찬	以 이	數 수	帶 대	華 화
荼 다	億 억	閻 염	爲 위	寶 보	無 무	垂 수
王 왕	諸 제	浮 부	嚴 엄	華 화	數 수	無 무

毘舍闍王或住大海或居陸
비사사왕혹주대해혹거육

地飮血噉肉殘害衆生皆起
지음혈담육잔해중생개기

慈心願行利益明識後世不
자심원행이익명식후세불

造諸惡恭敬合掌頂禮於王
조제악공경합장정례어왕

如閻浮提餘三天下乃至三
여염부제여삼천하내지삼

千大天世界乃至十方百千
천대천세계내지시방백천

萬億那由他世界中所有一
만억나유타세계중소유일

사경의 공덕은 십만억 부처님께 공양한 것과 같은 공덕이 있습니다.

悉 실	諸 제	薩 살	首 수	男 남	光 광	切 체
等 등	衆 중	摩 마	隨 수	子 자	王 왕	毒 독
行 행	生 생	訶 가	順 순	我 아	從 종	惡 악
故 고	故 고	薩 살	世 세	唯 유	三 삼	衆 중
爲 위	爲 위	爲 위	間 간	知 지	昧 매	生 생
大 대	修 수	高 고	三 삼	此 차	起 기	悉 실
地 지	行 행	蓋 개	昧 매	菩 보	告 고	亦 역
能 능	下 하	慈 자	門 문	薩 살	善 선	如 여
以 이	中 중	心 심	如 여	大 대	財 재	是 시
慈 자	上 상	普 보	諸 제	慈 자	言 언	時 시
心 심	行 행	蔭 음	菩 보	爲 위	善 선	大 대

사경의 공덕은 십만억 부처님께 공양한 것과 같은 공덕이 있습니다.

任持一切諸衆生故爲滿月
임지일체제중생고위만월

福德光明於世間中平等現
복덕광명어세간중평등현

故爲淨日以智光明照耀一
고위정일이지광명조요일

切所知境故爲諸明燈能破一
체소지경고위제명등능파일

切衆生心中諸黑闇故爲水
체중생심중제흑암고위수

淸珠能淸一切衆生心中諂
청주능청일체중생심중첨

誑濁故爲如意寶悉能滿足
광탁고위의보실능만족

一切衆生心所願故爲大風

速令衆生修習三昧入一切

智大城中故而我云何能知

其行能說其德能稱量彼福

德大山能瞻仰彼功德衆星

能觀察彼大願風輪能趣入

彼甚深法門能顯示彼莊嚴

善 선	云 운	夷 이	有 유	大 대	開 개	大 대
財 재	何 하	名 명	一 일	慈 자	示 시	海 해
童 동	學 학	曰 왈	王 왕	悲 비	彼 피	能 능
子 자	菩 보	不 부	都 도	雲 운	諸 제	闡 천
頂 정	薩 살	動 동	名 명	善 선	三 삼	明 명
禮 례	行 행	汝 여	曰 왈	男 남	昧 매	彼 피
王 왕	修 수	詣 예	安 안	子 자	窟 굴	普 보
足 족	菩 보	彼 피	住 주	於 어	能 능	賢 현
遶 요	薩 살	問 문	有 유	此 차	讚 찬	行 행
無 무	道 도	菩 보	優 우	南 남	歎 탄	門 문
數 수	時 시	薩 살	婆 바	方 방	彼 피	能 능

사경의 공덕은 십만억 부처님께 공양한 것과 같은 공덕이 있습니다.

匝(잡) 殷(은) 勤(근) 瞻(첨) 仰(앙) 辭(사) 退(퇴) 而(이) 去(거)

爾(이) 時(시) 善(선) 財(재) 童(동) 子(자) 出(출) 妙(묘) 光(광) 城(성)

遊(유) 行(행) 道(도) 路(로) 正(정) 念(념) 思(사) 惟(유) 大(대) 光(광) 王(왕)

教(교) 憶(억) 念(념) 菩(보) 薩(살) 大(대) 慈(자) 幢(당) 行(행) 門(문) 思(사)

惟(유) 菩(보) 薩(살) 隨(수) 順(순) 世(세) 間(간) 三(삼) 昧(매) 光(광) 明(명)

門(문) 增(증) 長(장) 彼(피) 不(부) 思(사) 議(의) 願(원) 福(복) 德(덕) 自(자)

在(재) 力(력) 堅(견) 固(고) 彼(피) 不(부) 思(사) 議(의) 成(성) 熟(숙) 衆(중)

生(생)智(지)觀(관)察(찰)彼(피)不(부)思(사)議(의)不(불)共(공)受(수)
用(용)大(대)威(위)德(덕)憶(억)念(념)彼(피)不(부)思(사)議(의)差(차)
別(별)相(상)思(사)惟(유)彼(피)不(부)思(사)議(의)淸(청)淨(정)眷(권)
屬(속)思(사)惟(유)彼(피)不(부)思(사)議(의)所(소)作(작)業(업)生(생)
歡(환)喜(희)心(심)生(생)淨(정)信(신)心(심)生(생)猛(맹)利(리)心(심)
生(생)欣(흔)悅(열)心(심)生(생)踊(견)躍(고)心(심)生(생)慶(광)幸(대)
心(심)生(생)無(무)濁(진)心(심)生(여)淸(시)淨(사)心(유)生(생)堅(견)

固心生廣大心生無盡心如
是思惟悲泣流淚念善知識
實爲希有出生一切諸功德
處出生一切諸菩薩行出生
一切菩薩淨念出生一切陀
羅尼輪出生一切三昧光明
出生一切諸佛知見普雨一

사경의 공덕은 십만억 부처님께 공양한 것과 같은 공덕이 있습니다.

乘 승	顯 현	道 도	善 선	長 장	願 원	切 체
奧 오	示 시	能 능	知 지	一 일	門 문	諸 제
義 의	諸 제	普 보	識 식	切 체	出 출	佛 불
能 능	夷 이	演 연	者 자	菩 보	生 생	法 법
普 보	險 험	說 설	能 능	薩 살	難 난	雨 우
勸 권	道 도	諸 제	普 보	根 근	思 사	顯 현
發 발	能 능	平 평	救 구	芽 아	智 지	示 시
普 보	普 보	等 등	護 호	又 우	慧 혜	一 일
賢 현	開 개	法 법	一 일	作 작	光 광	切 체
諸 제	闡 천	能 능	切 체	是 시	明 명	菩 보
行 행	大 대	普 보	惡 악	念 념	增 증	薩 살

能普引到一切智城能普令
능보인도일체지성능보령

入法界大海能普令見三世
입법계대해능보령견삼세

法海能普授與衆聖道場能
법해능보수여중성도량능

普增長一切白法善財童子
보증장일체백법선재동자

如是悲哀思念之時彼常隨
여시비애사념지시피상수

逐覺悟菩薩如來使天於虛
축각오보살여래사천어허

空中而告之言善男子其有
공중이고지언선남자기유

修行善知識教諸佛世尊悉
수행선지식교제불세존실

皆歡喜其有隨順善知識語
개환희기유수순선지식어

則得近於一切智地其有能
즉득근어일체지지기유능

於善知識語無疑惑者則常
어선지식어무의혹자즉상

值遇一切善友其有發心願
치우일체선우기유발심원

常不離善知識者則得具足
상불리선지식자즉득구족

一切義利善男子汝可往詣
일체의리선남자여가왕예

安안 住주 王왕 都도 卽즉 當당 得득 見견 不부 動동 優우
婆파 夷이 大대 善선 知지 識식 時시 善선 財재 童동 子자
從종 彼피 三삼 昧매 智지 光광 明명 起기 漸점 次차 遊유
行행 至지 安안 住주 城성 周주 徧편 推추 求구 不부 動동
優우 婆바 夷이 今금 在재 何하 所소 無무 量량 人인 衆중
咸함 告고 之지 言언 善선 男남 子자 不부 動동 優우 婆바
夷이 身신 是시 童동 女녀 在재 其기 家가 內내 父부 母모

守(수) 護(호) 與(여) 自(자) 親(친) 屬(속) 無(무) 量(량) 人(인) 衆(중) 演(연)

說(설)

妙(묘) 法(법) 善(선) 財(재) 童(동) 子(자) 聞(문) 是(시) 語(어) 已(이) 其(기)

心(심) 歡(환) 喜(희) 如(여) 見(견) 父(부) 母(모) 卽(즉) 詣(예) 不(부) 動(동)

優(우) 婆(바) 夷(이) 舍(사) 入(입) 其(기) 宅(댁) 內(내) 見(견) 彼(피) 堂(당)

宇(우) 金(금) 色(색) 光(광) 明(명) 普(보) 皆(개) 照(조) 耀(요) 遇(우) 斯(사)

光(광) 者(자) 身(신) 意(의) 淸(청) 凉(량) 善(선) 財(재) 童(동) 子(자) 光(광)

사경의 공덕은 십만억 부처님께 공양한 것과 같은 공덕이 있습니다.

身 신	五 오	門 문	世 세	門 문	門 문	明 명
心 심	百 백	如 여	間 간	入 입	所 소	觸 촉
柔 유	三 삼	來 래	三 삼	寂 적	謂 위	身 신
軟 연	昧 매	藏 장	昧 매	靜 정	了 요	卽 즉
如 여	門 문	三 삼	門 문	三 삼	一 일	時 시
七 칠	以 이	昧 매	普 보	昧 매	切 체	獲 획
日 일	此 차	門 문	眼 안	門 문	希 희	得 득
胎 태	三 삼	得 득	捨 사	遠 원	有 유	五 오
又 우	昧 매	如 여	得 득	離 리	相 상	百 백
聞 문	門 문	是 시	三 삼	一 일	三 삼	三 삼
妙 묘	故 고	等 등	昧 매	切 체	昧 매	昧 매

香非諸天龍乾闥婆等人與 (향비제천룡건달바등인여)
非人之所能有善財童子前 (비인지소능유선재동자전)
詣其所恭敬合掌一心觀察 (예기소공경합장일심관찰)
見其形色端正殊妙十方世 (견기형색단정수묘시방세)
界一切女人無有能及況其 (계일체여인무유능급황기)
過者唯除如來及以一切灌 (과자유제여래급이일체관)
頂菩薩口出妙香宮殿莊嚴 (정보살구출묘향궁전장엄)

并(병) 其(기) 眷(권) 屬(속) 悉(실) 無(무) 與(여) 等(등) 況(황) 復(부) 過(과)
者(자) 十(시) 方(방) 世(세) 界(계) 一(일) 切(체) 衆(중) 生(생) 無(무) 有(유)
於(어) 此(차) 優(우) 婆(바) 夷(이) 所(소) 起(기) 染(염) 着(착) 心(심) 若(약)
得(득) 暫(잠) 見(견) 所(소) 有(유) 煩(번) 惱(뇌) 悉(실) 自(자) 消(소) 滅(멸)
譬(비) 如(여) 百(백) 萬(만) 大(대) 梵(범) 天(천) 王(왕) 決(결) 定(정) 不(불)
生(생) 欲(욕) 界(계) 煩(번) 惱(뇌) 其(기) 有(유) 見(견) 此(차) 優(우) 婆(바)
夷(이) 者(자) 所(소) 有(유) 煩(번) 惱(뇌) 應(응) 知(지) 亦(역) 然(연) 十(시)

사경의 공덕은 십만억 부처님께 공양한 것과 같은 공덕이 있습니다.

方衆生觀此女人皆無厭足
방중생관차여인개무염족

唯除具足大智慧者
유제구족대지혜자

爾時善財童子曲躬合掌
이시선재동자곡궁합장

正念觀察見此女人其身自
정념관찰견차여인기신자

在不可思議色相容顏世無
재불가사의색상용안세무

與等光明洞徹物無能障普
여등광명동철물무능장보

爲衆生而作利益其身毛孔
위중생이작리익기신모공

恒出妙香眷屬無邊宮殿第
항출묘향권속무변궁전제

一功德深廣莫知涯際心生
일공덕심광막지애제심생

歡喜以頌讚曰守護淸淨戒
환희이송찬왈수호청정계

修行廣大忍精進不退轉光
수행광대인정진불퇴전광

明照世間爾時善財童子說
명조세간이시선재동자설

此頌已白言聖者我已先發
차송이백언성자아이선발

阿耨多羅三藐三菩提心而
아뇩다라삼약삼보리심이

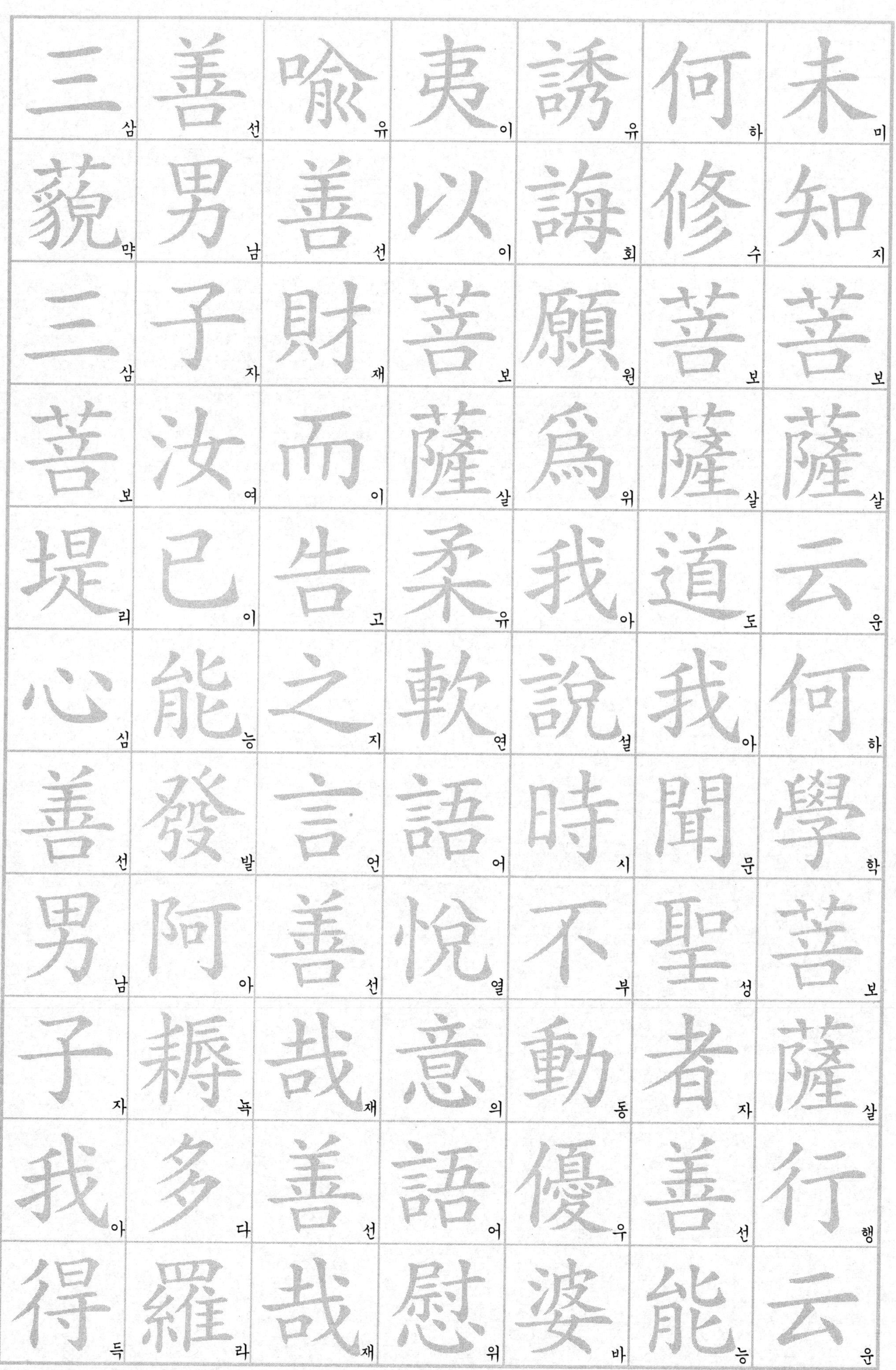

사경의 공덕은 십만억 부처님께 공양한 것과 같은 공덕이 있습니다.

菩薩難摧伏智慧藏解脫門 (보살난최복지혜장해탈문)

我得菩薩堅固受持行門我 (아득보살견고수지행문아)

得菩薩一切法平等地總持 (득보살일체법평등지총지)

門我得菩薩照明一切法辯 (문아득보살조명일체법변)

才門我得菩薩求一切法無 (재문아득보살구일체법무)

疲厭三昧門善財童子言聖 (피염삼매문선재동자언성)

者菩薩難摧伏智慧藏解脫 (자보살난최복지혜장해탈)

門(문) 乃(내) 至(지) 求(구) 一(일) 切(체) 法(법) 無(무) 疲(피) 厭(염) 三(삼)

昧(매) 門(문) 境(경) 界(계) 云(운) 何(하) 童(동) 女(녀) 言(언) 善(선) 男(남)

子(자) 此(차) 處(처) 難(난) 知(지) 善(선) 財(재) 白(백) 言(언) 唯(유) 願(원)

聖(성) 者(자) 承(승) 佛(불) 神(신) 力(력) 爲(위) 我(아) 宣(선) 說(설) 我(아)

當(당) 因(인) 善(선) 知(지) 識(식) 能(능) 信(신) 能(능) 受(수) 能(능) 知(지)

能(능) 了(료) 趣(취) 入(입) 觀(관) 察(찰) 修(수) 習(습) 隨(수) 順(순) 離(이)

諸(제) 分(분) 別(별) 究(구) 竟(경) 平(평) 等(등) 優(우) 婆(바) 夷(이) 言(언)

사경의 공덕은 십만억 부처님께 공양한 것과 같은 공덕이 있습니다.

善(선)男(남)子(자)過(과)去(거)世(세)中(중)有(유)劫(겁)名(명)離(이)
垢(구)佛(불)號(호)修(수)臂(비)時(시)有(유)國(국)王(왕)名(명)曰(왈)
電(전)授(수)唯(유)有(유)一(일)女(녀)卽(즉)我(아)身(신)是(시)我(아)
於(어)夜(야)分(분)廢(폐)音(음)樂(악)時(시)父(부)母(모)兄(형)弟(제)
悉(실)已(이)眠(면)寢(침)五(오)百(백)童(동)女(녀)亦(역)皆(개)昏(혼)
寐(매)我(아)於(어)樓(누)上(상)仰(앙)觀(관)星(성)宿(숙)於(어)虛(허)
空(공)中(중)見(견)彼(피)如(여)來(래)如(여)寶(보)山(산)王(왕)無(무)

量(량)無(무)邊(변)天(천)龍(룡)八(팔)部(부)諸(제)菩(보)薩(살)衆(중)
所(소)共(공)圍(위)遶(요)佛(불)身(신)普(보)放(방)大(대)光(광)明(명)
網(망)周(주)徧(변)十(십)方(방)無(무)所(소)障(장)礙(애)佛(불)身(신)
毛(모)孔(공)皆(개)出(출)妙(묘)香(향)我(아)聞(문)是(시)香(향)身(신)
體(체)柔(유)軟(연)心(심)生(생)歡(환)喜(희)便(편)從(종)樓(누)下(하)
至(지)於(어)地(지)上(상)合(합)十(십)指(지)爪(조)頂(정)禮(례)於(어)
佛(불)又(우)觀(관)彼(피)佛(불)不(불)見(견)頂(정)相(상)觀(관)身(신)

不 불	德 덕	具 구	是 시	此 차	相 상	左 좌
可 가	智 지	足 족	上 상	佛 불	隨 수	右 우
思 사	慧 혜	眷 권	妙 묘	世 세	好 호	莫 막
議 의	悉 실	屬 속	之 지	尊 존	無 무	知 지
神 신	皆 개	成 성	身 신	作 작	有 유	邊 변
通 통	清 청	就 취	相 상	何 하	厭 염	際 제
自 자	淨 정	宮 궁	好 호	等 등	足 족	思 사
在 재	總 총	殿 전	圓 원	業 업	竊 절	惟 유
辯 변	持 지	嚴 엄	滿 만	獲 획	自 자	彼 피
才 재	三 삼	好 호	光 광	於 어	念 념	佛 불
無 무	昧 매	福 복	明 명	如 여	言 언	諸 제

礙(애)善(선)男(남)子(자)爾(이)時(시)如(여)來(래)知(지)我(아)心(심)
念(념)卽(즉)告(고)我(아)言(언)汝(여)應(응)發(발)不(불)可(가)壞(괴)
心(심)滅(멸)諸(제)煩(번)惱(뇌)應(응)發(발)無(무)能(능)勝(승)心(심)
破(파)諸(제)取(취)着(착)應(응)發(발)無(무)退(퇴)怯(겁)心(심)入(입)
深(심)法(법)門(문)應(응)發(발)能(능)堪(감)耐(내)心(심)救(구)惡(악)
衆(중)生(생)應(응)發(발)無(무)迷(미)惑(혹)心(심)普(보)於(어)一(일)
切(체)諸(제)趣(취)受(수)生(생)應(응)發(발)無(무)厭(염)足(족)心(심)

求見諸佛無有休息應發無
知足心悉受一切如來法雨
應發正思惟心普生一切佛
法光明應發大住持心普轉
一切諸佛法輪應發廣流通
心隨衆生欲施其法寶善男
子我於彼佛所聞如是法求

我 아	及 급	心 심	威 위	好 호	求 구	一 일
發 발	以 이	堅 견	儀 의	求 구	佛 불	切 체
是 시	二 이	固 고	求 구	佛 불	光 광	智 지
心 심	乘 승	猶 유	佛 불	衆 중	明 명	求 구
已 이	悉 실	如 여	壽 수	會 회	求 구	佛 불
來 래	不 불	金 금	命 명	求 구	佛 불	十 십
經 경	能 능	剛 강	發 발	佛 불	色 색	力 력
閻 염	壞 괴	一 일	是 시	國 국	身 신	求 구
浮 부	善 선	切 체	心 심	土 토	求 구	佛 불
提 제	男 남	煩 번	已 이	求 구	佛 불	辯 변
微 미	子 자	惱 뇌	其 기	佛 불	相 상	才 재

塵數劫尚不生於念欲之心
진수겁상불생어념욕지심

況行其事爾所劫中於自親
황행기사이소겁중어자친

屬不起瞋心況他眾生爾所
속불기진심황타중생이소

劫中於其自身不生我見況
겁중어기자신불생아견황

於眾具而計我所爾所劫中
어중구이계아소이소겁중

死時生時及住胎藏未曾迷
사시생시급주태장미증미

惑起眾生想及無記心況於
혹기중생상급무기심황어

餘여 時시 爾이 所소 劫겁 中중 乃내 至지 夢몽 中중 隨수

見견 一일 佛불 未미 曾증 亡망 失실 何하 況황 菩보 薩살

十십 眼안 所소 見견 爾이 所소 劫겁 中중 受수 持지 一일

切체 如여 來래 正정 法법 未미 曾증 亡망 失실 一일 文문

一일 句구 乃내 至지 世세 俗속 所소 有유 言언 辭사 尚상

不불 忘망 失실 何하 況황 如여 來래 金금 口구 所소 說설

爾이 所소 劫겁 中중 受수 持지 一일 切체 如여 來래 法법

사경의 공덕은 십만억 부처님께 공양한 것과 같은 공덕이 있습니다.

海해 一일 文문 一일 句구 無무 不불 思사 惟유 無무 不불
觀관 察찰 乃내 至지 一일 切체 世세 俗속 之지 法법 亦역
復부 如여 是시 爾이 所소 劫겁 中중 住주 持지 一일 切체
如여 來래 法법 海해 未미 曾증 於어 一일 法법 中중 不부
得득 三삼 昧매 乃내 至지 世세 間간 技기 術술 之지 法법
一일 一일 法법 中중 悉실 亦역 如여 是시 爾이 所소 劫겁
中중 住주 持지 一일 切체 如여 來래 法법 輪륜 隨수 所소

菩 보	所 소	清 청	海 해	調 조	至 지	住 주
薩 살	悉 실	淨 정	未 미	衆 중	不 부	持 지
修 수	亦 역	大 대	曾 증	生 생	曾 증	未 미
行 행	如 여	願 원	於 어	故 고	生 생	曾 증
妙 묘	是 시	乃 내	一 일	爾 이	於 어	廢 폐
行 행	爾 이	至 지	佛 불	所 소	世 세	捨 사
無 무	所 소	於 어	所 소	劫 겁	智 지	一 일
有 유	劫 겁	諸 제	不 부	中 중	唯 유	文 문
一 일	中 중	化 화	得 득	見 견	除 제	一 일
行 행	見 견	佛 불	成 성	諸 제	爲 위	句 구
我 아	諸 제	之 지	就 취	佛 불	欲 욕	乃 내

不(불)成(성)就(취)爾(이)所(소)劫(겁)中(중)所(소)有(유)衆(중)生(생)
無(무)一(일)衆(중)生(생)我(아)不(불)勸(권)發(발)阿(아)耨(뇩)多(다)
羅(라)三(삼)藐(먁)三(삼)菩(보)提(리)心(심)未(미)曾(증)勸(권)一(일)
衆(중)生(생)發(발)於(어)聲(성)聞(문)辟(벽)支(지)佛(불)意(의)爾(이)
所(소)劫(겁)中(중)於(어)一(일)切(체)佛(불)法(법)乃(내)至(지)一(일)
文(문)一(일)句(구)不(불)生(생)疑(의)惑(혹)不(불)生(생)二(이)想(상)
不(불)生(생)分(분)別(별)想(상)不(불)生(생)種(종)種(종)想(상)不(불)

生(생) 執(집) 着(착) 想(상) 不(불) 生(생) 勝(승) 劣(열) 想(상) 不(불) 生(생)

愛(애) 憎(증) 想(상) 善(선) 男(남) 子(자) 我(아) 從(종) 是(시) 來(래) 常(상)

見(견) 諸(제) 佛(불) 常(상) 見(견) 菩(보) 薩(살) 常(상) 見(견) 眞(진) 實(실)

善(선) 知(지) 識(식) 常(상) 聞(문) 諸(제) 佛(불) 願(원) 常(상) 聞(문) 菩(보)

薩(살) 行(행) 常(상) 聞(문) 菩(보) 薩(살) 波(바) 羅(라) 蜜(밀) 門(문) 常(상)

聞(문) 菩(보) 薩(살) 地(지) 智(지) 光(광) 明(명) 門(문) 常(상) 聞(문) 菩(보)

薩(살) 無(무) 盡(진) 藏(장) 門(문) 常(상) 聞(문) 入(입) 無(무) 邊(변) 世(세)

界(계) 網(망) 門(문) 常(상) 聞(문) 出(출) 生(생) 無(무) 邊(변) 衆(중) 生(생)
界(계) 因(인) 門(문) 常(상) 以(이) 清(청) 淨(정) 智(지) 慧(혜) 光(광) 明(명)
除(제) 滅(멸) 一(일) 切(체) 衆(중) 生(생) 煩(번) 惱(뇌) 常(상) 以(이) 智(지)
慧(혜) 生(생) 長(장) 一(일) 切(체) 衆(중) 生(생) 善(선) 根(근) 常(상) 隨(수)
一(일) 切(체) 衆(중) 生(생) 所(소) 樂(락) 示(시) 現(현) 其(기) 身(신) 常(상)
以(이) 清(청) 淨(정) 上(상) 妙(묘) 言(언) 音(음) 開(개) 悟(오) 法(법) 界(계)
一(일) 切(체) 衆(중) 生(생) 善(선) 男(남) 子(자) 我(아) 得(득) 菩(보) 薩(살)

사경의 공덕은 십만억 부처님께 공양한 것과 같은 공덕이 있습니다.

求一切法無厭足莊嚴門我
得一切法平等地總持門現
不思議自在神變汝欲見不
善財言唯我心願見爾時不
動優婆夷坐於龍藏師子之
座入求一切法無厭足莊嚴
三昧門不空輪莊嚴三昧門

十力智輪現前三昧門佛種
십력지륜현전삼매문불종

無盡藏三昧門入如是等一
무진장삼매문입여시등일

萬三昧門入此三昧門時十
만삼매문입차삼매문시십

方各有不可說佛刹微塵數
방각유불가설불찰미진수

世界六種震動皆悉淸淨瑠
세계육종진동개실청정유

璃所成一一世界中有百億
리소성일일세계중유백억

四天下百億如來或住兜率
사천하백억여래혹주도솔

사경의 공덕은 십만억 부처님께 공양한 것과 같은 공덕이 있습니다.

天乃至般涅槃一一如來放
천 내 지 반 열 반 일 일 여 래 방

光明網周徧法界道場衆會
광 명 망 주 변 법 계 도 량 중 회

清淨圍遶轉妙法輪開悟群
청 정 위 요 전 묘 법 륜 개 오 군

生時不動優婆夷從三昧起
생 시 부 동 우 바 이 종 삼 매 기

告善財言善男子汝見此不
고 선 재 언 선 남 자 여 견 차 부

善財言唯我已見優婆夷
선 재 언 유 아 이 견 우 바 이

言善男子我唯得此求一切
언 선 남 자 아 유 득 차 구 일 체

法無厭足三昧光明爲一切
법무염족삼매광명위일체

衆生說微妙法皆令歡喜如
중생설미묘법개령환희여

諸菩薩摩訶薩如金翅鳥遊
제보살마하살여금시조유

行虛空無所障礙能入一切
행허공무소장애능입일체

衆生大海見有善根已成熟
중생대해견유선근이성숙

者便卽執取置菩提岸又如
자편즉집취치보리안우여

商客入大寶洲采求如來十
상객입대보주채구여래십

力(력)智(지)寶(보)又(우)如(여)漁(어)師(사)持(지)正(정)法(법)網(망)
入(입)生(생)死(사)海(해)於(어)愛(애)水(수)中(중)漉(록)諸(제)衆(중)
生(생)如(여)阿(아)修(수)羅(라)王(왕)能(능)徧(변)搖(요)動(동)三(삼)
有(유)大(대)城(성)諸(제)煩(번)惱(뇌)海(해)又(우)如(여)日(일)輪(륜)
出(출)現(현)虛(허)空(공)照(조)愛(애)水(수)泥(니)令(령)其(기)乾(건)
竭(갈)又(우)如(여)滿(만)月(월)出(출)現(현)虛(허)空(공)令(령)可(가)
化(화)者(자)心(심)華(화)開(개)敷(부)又(우)如(여)大(대)地(지)普(보)

開(개)平(평)等(등)無(무)量(량)衆(중)生(생)於(어)中(중)止(지)住(주)
增(증)長(장)一(일)切(체)善(선)法(법)根(근)芽(아)又(우)如(여)大(대)
風(풍)所(소)向(향)無(무)礙(애)能(능)拔(발)一(일)切(체)諸(제)見(견)
大(대)樹(수)如(여)轉(전)輪(륜)王(왕)遊(유)行(행)世(세)間(간)以(이)
四(사)攝(섭)事(사)攝(섭)諸(제)衆(중)生(생)而(이)我(아)云(운)何(하)
能(능)知(지)能(능)說(설)彼(피)功(공)德(덕)行(행)善(선)男(남)子(자)
於(어)此(차)南(남)方(방)有(유)一(일)大(대)城(성)名(명)無(무)量(량)

都(도)薩(살)羅(라)其(기)中(중)一(일)有(유)出(출)家(가)外(외)道(도)
名(명)曰(왈)徧(변)行(행)汝(여)往(왕)彼(피)問(문)菩(보)薩(살)云(운)
何(하)學(학)菩(보)薩(살)行(행)修(수)菩(보)薩(살)道(도)時(시)善(선)
財(재)童(동)子(자)頂(정)禮(례)其(기)足(족)遶(요)無(무)量(량)匝(잡)
殷(은)勤(근)瞻(첨)仰(앙)辭(사)退(퇴)而(이)去(거)

發 願 文

귀의 삼보하옵고

거룩하신 부처님께 발원하옵나이다.

주　소 : ______________________

전　화 : __________ 불명 : __________ 성명 : __________

불기 25 ______년 ______월 ______일